IGREJAS QUE TRANSFORMAM O BRASIL

GUIA DE ESTUDO

CB014476

ED STETZER E SÉRGIO QUEIROZ

IGREJAS QUE TRANSFORMAM O BRASIL

SINAIS DE UM MOVIMENTO
REVOLUCIONÁRIO E INSPIRADOR

GUIA DE ESTUDO

mundocristão
São Paulo

CIP-Brasil. Catalogação na Publicação
Sindicato Nacional dos Editores de Livros, RJ

S864i

    Igrejas que transformam o Brasil: guia de estudo / Ed Stetzer, Sérgio Queiroz. - 1. ed. - São Paulo: Mundo Cristão, 2018.
    80 p. ; 21 cm.

    ISBN 978-85-433-0298-0

    1. Cristianismo. I. Queiroz, Sérgio. II. Título.

18-47389   CDD: 248.4
                                      CDU: 248.4

Categoria: Cristianismo e sociedade

Publicado no Brasil com todos os direitos reservados por:
Editora Mundo Cristão
Rua Antônio Carlos Tacconi, 79, São Paulo, SP, Brasil, CEP 04810-020
Telefone: (11) 2127-4147
www.mundocristao.com.br

1ª edição: fevereiro de 2018
1ª reimpressão: 2018

Sumário

Introdução

Igrejas que transformam o Brasil: Sinais de um movimento revolucionário e inspirador apresenta os resultados de uma pesquisa realizada com metodologia academicamente testada e aprovada, que oferta aos líderes e estudiosos brasileiros uma ferramenta preciosa de entendimento da realidade das igrejas evangélicas de nosso país.

O trabalho colhe experiências de igrejas de diferentes denominações e linhas doutrinárias, nas mais diversas regiões e realidades do Brasil. É um manual de crescimento saudável da igreja, organizado a partir de uma abordagem bíblica, histórica, cultural e relevante. Trata-se também de um tônico de encorajamento aos que anseiam ver uma igreja viva, operante e cheia do Espírito Santo.

Igrejas saudáveis são aquelas que encontram o equilíbrio e, sem abrir mão da sã doutrina, levam o amor ao próximo às últimas consequências; proclamam o amor de Deus por meio da morte de Jesus na cruz do Calvário; e demonstram esse amor mediante obras de amor prático pelas pessoas e pela criação como um todo.

O principal mandato da Igreja de Cristo é apresentar a mensagem de salvação e transformação para todo o mundo e fazer discípulos de todas as nações. Para nós, em relação ao cumprimento desse mandato, o crescimento da Igreja evangélica no Brasil tem sido digno de nota. No entanto, algumas questões precisam ser avaliadas: Estão as igrejas no Brasil sendo e fazendo o que elas são chamadas para ser e fazer? Quão saudáveis são as igrejas evangélicas brasileiras? Como ampliar e fortalecer a capacidade das igrejas de contribuir para a transformação de seu contexto com a poderosa mensagem do evangelho? Quais são os obstáculos específicos que impedem a saúde e a missionalidade das igrejas no Brasil e como lidar com eles?

Nesse contexto, é importante mencionar que um dos grandes desafios da Igreja brasileira é a escassez de informações de análise crítica sobre ela mesma. De fato, livros com enfoque teológico e missiológico que sejam baseados em pesquisas sobre a Igreja evangélica brasileira são quase inexistentes. Sendo assim, o trabalho desenvolvido em *Igrejas que transformam o Brasil* ganha relevância ao apresentar a realidade das igrejas brasileiras sem filtros estrangeiros. Só assim é possível contextualizar a mensagem eterna do evangelho dentro das complexas e fascinantes estruturas culturais do maior país da América Latina e, desse modo, contribuir para a plantação e o desenvolvimento de igrejas locais saudáveis e missionais, que sejam capazes de ser meio de transformação do Brasil, para a glória de Deus.

O conteúdo da obra revela apenas a primeira parte do Projeto da Igreja Transformacional Brasileira, liderada pela LifeWay Research, uma das maiores e mais conceituadas instituições cristãs de pesquisa em todo o mundo, localizada nos

Estados Unidos, e pela Fundação Cidade Viva, situada em João Pessoa (PB), que atua em vários eixos, como educação, cultura, direito e cidadania, além de promover ações de evangelismo e transformação social.

Nas páginas a seguir você encontrará um resumo de cada um dos nove capítulos do livro, seguido por exercícios práticos que serão de grande auxílio para a fixação do conteúdo da obra. Pegue seu exemplar de *Igrejas que transformam o Brasil: Sinais de um movimento revolucionário e inspirador*, sua Bíblia, reúna a liderança de sua igreja e mãos à obra!

1

Esperança pela transformação

O conceito de transformação está no cerne da mensagem cristã, porque cremos que o poder do evangelho muda tudo — vidas, igrejas e comunidades. Quando Deus transforma vidas, ele não apenas faz das pessoas templos para o Espírito Santo, mas edifica sua Igreja por meio da adição de vidas ao seu Corpo. O Senhor usa os indivíduos presentes na igreja para realizar a transformação de outros indivíduos e, consequentemente, o crescimento da Igreja.

A Igreja é a ferramenta e o instrumento de Deus para a realização dos propósitos do seu reino, por isso, os conceitos transformação e igreja trabalham juntos, complementam um ao outro e se interconectam.

Deus nos chama a provocar um impacto transformador no mundo e, para isso, precisamos nos envolver na missão de Deus por causa dele mesmo e de acordo com o que ele espera de nós. Nós somos parceiros da graça (Fp 1.7), participantes e receptores da graça que produz transformação. Para os cristãos cheios do Espírito Santo, não há missão mais urgente, e é essa missão que move o Corpo de Cristo.

Nesse sentido, igrejas que transformam, ainda que encontrem barreiras e perigos em abundância, são capazes de produzir uma convergência de valores e atividades, que resulta na transformação dos indivíduos e do meio em que eles estão inseridos.

Quando essas igrejas transformacionais seguem adiante na missão que Deus lhes deu, elas provocam uma inquietação espiritual nas pessoas, pois compartilham do desejo pela transformação em um nível mais profundo do que a maioria das igrejas. Elas têm uma consciência crescente da necessidade de mudança nas pessoas, na Igreja e na sociedade.

A Igreja foi planejada por Deus para estar em ação no mundo. A Bíblia retrata os cristãos como um povo mobilizador. A transformação é o mecanismo, e o evangelho é o meio. O evangelho é, ele próprio, o poder de Deus para a transformação (Cl 1.6). O evangelho transforma o indivíduo, depois transforma a igreja e, então, o mundo.

Uma igreja transformacional é aquela que se concentra tenazmente na capacidade do evangelho de mudar a vida das pessoas. Ela vê resultados apropriados para seu contexto e detém os valores corretos que apoiam a missão transformadora, pois descobriu que a transformação é muito mais do que uma estratégia eclesiástica melhor. Tal igreja não é só formada por um grupo de pessoas que acredita que o cristianismo seja a escolha correta e que ele oferece uma maneira melhor de viver, mas é a comunidade da aliança que se apega à crença de que Deus vai mudar radicalmente vidas e comunidades inteiras. Essa igreja tem um otimismo grandioso quanto às habilidades ilimitadas de Deus.

NA PRÁTICA

1 "Deus nos chama a provocar um impacto transformador no mundo." Como uma igreja transformacional faz isso? Marque a alternativa correta.

   a) Oferecendo boas programações, pregação extraordinária e louvor excelente.

   b) Atendo-se aos seus métodos e tradições.

   c) Sendo parceiros da graça de Deus e acreditando na suficiência do evangelho.

   d) Criando gráficos e tabelas para medir o crescimento numérico da igreja.

2 Complete as lacunas:

   a) A mudança que buscamos é a que realmente importa: a de _____, igrejas e _____. (p. 33)

   b) Há muitas razões pelas quais algumas igrejas brasileiras deixaram de ser transformacionais. Para algumas é _____. Para outras, é a _____ ou a _____. (p. 35)

   c) As igrejas transformacionais estão interessadas em agir para a _____ de vidas de maneira mais profunda do que simplesmente no que se refere a ajudar as pessoas a se tornarem _____. (p. 38)

   d) O coração do evangelho que levamos ao mundo é a _____. Ela traz liberdade do _____, do _____ e da _____. (p. 37)

3 Diante de um cenário no qual muitos líderes eclesiásticos estão esgotados — emocionalmente exaustos, espiritualmente abatidos, fartos de patinar, derrotados — quais são os princípios para a renovação e a cura encontrados nas palavras de Zacarias, vindas do Espírito Santo? (p. 37)

_____

_____

_____

_____

_____

4 Qual a lição de Paulo ao escrever à igreja de Roma sobre transformação: "Não imitem o comportamento e os costumes desse mundo, mas deixem que Deus os transforme por meio de uma mudança em seu modo de pensar, a fim de que experimentem a boa, agradável e perfeita vontade de Deus para vocês" (Rm 12.2)? (p. 37)

_____

_____

_____

_____

_____

5 Discuta em grupo as seguintes afirmações, acerca de como a igreja transformacional mantém-se focada e firme mesmo diante das adversidades:

a) Há igrejas demais tentando obter esperança e força de uma era já passada do sucesso ministerial. (p. 40)

b) Os líderes devem deixar sua força para trás, confiando que Deus suprirá a força necessária para a tarefa. (p. 39)

c) É preciso confiar que Deus é de fato maior e mais poderoso do que qualquer obstáculo ou desafio. (p. 40)

6 Organize as expressões abaixo nas colunas "Igreja transformacional" e "Igreja que precisa ser transformada":

Subcultura gospel

Envolvimento na missão de Deus

Atividades frenéticas

Entretenimento para consumidores de bens espirituais

Discípulos maduros

Missionários de Cristo

Transformação de expectadores em missionários

Rotinas religiosas

Missão transformacional

Reuniões apenas para os de dentro (cristãos)

Igreja transformacional	Igreja que precisa ser transformada

7 Qual das opções abaixo preenche corretamente a sentença: "O evangelho transforma _____, depois transforma _____ e, então, _____."? (p. 31)

a) O mundo, a igreja, o indivíduo

b) A igreja, o indivíduo, o mundo

c) O indivíduo, a igreja, o mundo

d) As comunidades, o mundo, o indivíduo

8 Discuta em grupo a afirmação a seguir a partir do fato de que a Igreja é a amada Noiva de Cristo, da qual ele não desistiu nem desistirá. Proponha saídas a essa situação a partir dos apontamentos do primeiro capítulo e do estudo de Zacarias 4.

"O evangelho da prosperidade parece ser a mensagem dominante na televisão brasileira, e os escândalos envolvendo políticos 'cristãos' levantam suspeitas sobre o próprio DNA da Igreja evangélica nacional. Sem falar que há igrejas cheias de pessoas que têm conhecimento religiosos, mas que não vivem em missão, desperdiçando seu tempo com críticas àqueles que vivem seu chamado. As igrejas de hoje conhecem muito bem essa dor." (p. 31)

9 Assinale a alternativa que melhor define o grupo que compõe uma igreja transformacional: (p. 32)

a) Um grupo de pessoas que acredita que o cristianismo seja a escolha correta.

b) Um grupo de pessoas que acredita que o cristianismo oferece uma maneira melhor de viver.

c) Um grupo de pessoas que acredita na capacidade do evangelho de mudar vidas e comunidades inteiras.

2

Uma nova maneira de medir o sucesso

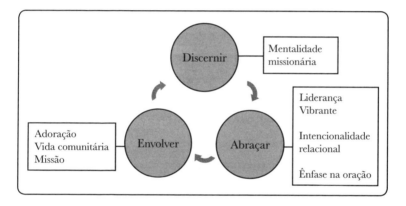

Uma casa, física ou espiritual, começa com um sonho e depois requer projetos executivos. O sonho que temos para a Igreja é a esperança por transformação. Ver Deus edificar os membros de seu Corpo e fazer deles missionários transformacionais para o seu reino é, talvez, o maior sonho que devemos cultivar no coração. Mas não podemos pular do sonho para a construção sem termos projetos executivos que sejam bíblicos.

Na pesquisa inicialmente feita nos Estados Unidos e, depois, no Brasil, o "projeto executivo" que tem sido utilizado pelas igrejas transformacionais é o que chamamos de Ciclo Transformacional, no qual constam sete elementos que regem uma igreja desse tipo. À medida que estudamos as igrejas brasileiras, percebemos um repetido padrão de elementos e práticas que acabou por criar um modelo de referência.

Como se deve medir o sucesso de uma igreja? Essa questão tem se tornado motivo de longos debates nas últimas décadas. Afinal, o que é uma igreja bem-sucedida? Nós temos servido como pastores e professores e temos o desejo de ver nossas igrejas locais crescerem tanto numericamente quanto em maturidade. Do mesmo modo, de uma perspectiva acadêmica, também tentamos ensinar aos estudantes o valor que se deve dar a esse mesmo equilíbrio entre números e maturidade cristã.

Acreditamos, por exemplo, que uma das mais importantes medidas de sucesso de uma igreja local é a verificação de quantos homens e mulheres estão sendo mudados pelo poder do evangelho. Na nossa tradição batista, por exemplo, na qual o batismo é um ato pessoal e consciente, a quantidade de pessoas batizadas é uma boa métrica para saber qual o nível de missionalidade da igreja. E, no final das contas, é isto que todos desejamos: mais e mais pessoas redimidas e perdoadas pela graça, por meio da fé em Cristo Jesus.

O velho padrão de medida nos Estados Unidos, e que de certa maneira foi importado por grande parte das igrejas brasileiras, valoriza demais as medidas exteriores do sucesso. O problema aqui é que nos tornamos extremamente absorvidos pela igreja como instituição.

Estamos buscando uma nova régua que conte o que é importante — pessoas se rendendo a Cristo e vivendo em uma comunidade cristã —, mas também avaliamos outras questões fundamentais. Em sua essência, o novo padrão de medida deve avaliar quão bem-sucedidas as igrejas vêm se mostrando quando o assunto é fazer discípulos de Jesus. Como sabemos, um discípulo é mais que um frequentador de igreja ou um convertido. O discipulado começa na conversão, mas deve ir muito além.

Discípulos são aqueles que confiam apenas em Cristo para a salvação e o seguem em um processo de maturidade, tendo o próprio Jesus como modelo. Desse modo, o novo padrão de medida inclui o número de convertidos, mas também considera outros fatores do processo por meio do qual a igreja promove o discipulado cristão.

Por tudo isso, é tempo de repensar nossos padrões para o que chamamos de sucesso na igreja, e é isso que o Projeto da Igreja Transformacional se propôs a fazer.

NA PRÁTICA

1 O que significam os três Cs do padrão de medida americano para sucesso da igreja, que não pode ser visto como fundamento da vida da Igreja de Cristo? (p. 46)

a) Cabeças, contas bancárias e construções

b) Celebrações, construções e comunhão

c) Contas bancárias, casas e cabeças

d) Cultos, celebrações e construções

2 Complete as lacunas:

a) Precisamos conhecer e escrever mais sobre as nossas realidades —————— e ——————. (p. 48)

b) Acreditamos e reconhecemos que o fato de mais e mais pessoas se tornarem _____ é uma questão-chave, mas outros _____ da vida cristã devem ser _____ e _____ para que possamos ver a _____ de uma igreja. (p. 54)

c) Um princípio transformacional como a _____ _____ percebida quando a igreja oferece aos seus membros a oportunidade de desenvolver _____ de longa duração, não pode ser facilmente medido em _____, mas sua presença ou ausência é facilmente notada e faz uma grande _____. (p. 55)

d) Em outros termos, a _____ _____ significa que a igreja transformacional entende a sua _____ e se prepara para ministrar de maneira contextualmente apropriada a fim de alcançar as pessoas com o evangelho. (p. 57)

3 O que é *intencionalidade relacional*? Explique com suas próprias palavras. (p. 58)

_____

_____

_____

_____

4 Quais são as três bases do tripé do Ciclo Transformacional?

a) Mentalidade missionária, Adoração e Ênfase na Oração

b) Discernir, Envolver e Abraçar

c) Missão, Vida comunitária e Adoração

d) Liderança vibrante, Intencionalidade relacional e Ênfase na oração

5 O constante e ativo desejo de entender as comunidades onde estão inseridas é uma das principais marcas das congregações mais saudáveis pesquisadas no Brasil. De acordo com o livro, como iniciar esse processo?

_____

_____

_____

_____

_____

6 Discuta em grupo as seguintes afirmações, acerca da categoria *Abraçar* e de seus elementos *Liderança vibrante, Intencionalidade relacional* e *Ênfase na oração*.

a) Nós percebemos que, nas igrejas transformacionais, a liderança posicional é de pouca importância. (p. 58)

b) A igreja foi planejada por Deus como uma coleção de pessoas que participam da vida uma das outras. (p. 58)

c) Igrejas transformacionais revelaram uma ênfase na oração e uma dependência dela, em vez de apenas terem um programa ou uma agenda de oração. (p. 57-58)

7 Organize os elementos abaixo nas categorias "Discernir", "Abraçar" e "Envolver":

Adoração

Mentalidade Missionária

Liderança vibrante

Ênfase na Oração

Missão

Vida Comunitária

Intencionalidade relacional

Discernir   Abraçar   Envolver

8 Uma prática importante presente nas igrejas transformacionais é a *vida comunitária*, que se dá a partir de sistemas
para colocar pessoas em contato umas com as outras a fim
de que tenham experiências significativas. Quais meios
podem ser utilizados com esse fim? Discorra sobre os métodos aplicados atualmente em sua comunidade. Há algo
que pode ser melhorado ou implementado? (p. 59)

_____

_____

_____

_____

9 Relacione as afirmações abaixo aos elementos *adoração,
vida comunitária* e *missão*:

a) O evangelismo não é ensinado como um programa
periódico, mas como um estilo natural de vida.

b) As igrejas transformacionais no Brasil valorizam a re-
verente liberdade de expressão dos seus membros e
frequentadores.

c) Mesmo convictas de que apenas Deus pode produzir
transformação no coração de uma pessoa, as igrejas
transformacionais têm aprendido que isso geralmente
ocorre na ambiência de um grupo menor de amigos
reunidos em nome de Jesus.

10 A partir do conteúdo deste capítulo, trace um panorama de sua comunidade. Sugira um ponto de início, sem se esquecer de apontar o que já existe de positivo e o que carece de melhora nela.

_____

_____

_____

_____

_____

3

Mentalidade missionária

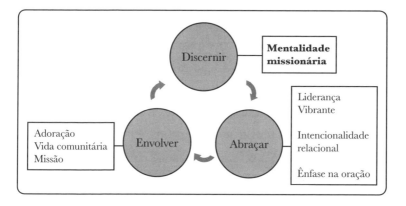

As igrejas transformacionais se envolvem na missão de Deus em suas cercanias, comprometidas com o seu contexto imediato. Elas vivem a essência do ato de fazer discípulos em suas atividades, por meio de adoração, comunhão e missão, mas fazem isso no contexto de sua cultura. A adoração acontece com uma compreensão do contexto. A missão voltada à comunidade em torno da igreja ocorre em meio à compreensão do contexto. Seus valores são expressos à luz do contexto. Seus líderes demonstram amor pela cultura. O envolvimento na comunidade é feito com intenção relacional e as igrejas oram por sua comunidade. Em suma, as igrejas transformacionais conhecem, entendem e são profundamente apaixonadas por sua cidade, sua comunidade e pelas pessoas.

Infelizmente, muitos líderes cristãos são mais apaixonados pela maneira como fazem igreja do que pelas pessoas da comunidade! Muitos são inflexíveis e não se adaptam a novos contextos. Outros confundem princípios eternos com metodologias ultrapassadas, tradições inspiradoras com tradicionalismos alienantes. Muitos líderes cristãos são exímios contadores de histórias bíblicas, mas poucos amam suficientemente as pessoas para ouvir e entender suas histórias.

Os que têm mente e coração missionários veem as pessoas como singulares e valiosas. As multidões eram importantes para Jesus por causa das pessoas que as compunham. As multidões não são troféus a serem ganhos. Elas também não são "projetos pessoais" a serem finalizados. Influenciar massas de indivíduos não deve servir para afirmação pessoal do líder ou para mostrar seu valor próprio. As multidões são importantes por causa do incrível valor de cada pessoa. Ter uma mentalidade missionária é agir como Jesus, entrando na vida e na história das pessoas, porque elas são importantes para Deus.

Uma igreja transformacional se recusa a simplesmente "ficar sentada". Deseja sempre olhar para o evangelho, aprender sobre ele e vivê-lo. Essa inquietação santa costuma ser parte do processo de Deus que a leva a mais pessoas e a mais lugares para ministrar. A fim de ajudar nesse processo, os líderes das igrejas transformacionais devem saber quem são, quem a congregação é e como conectar o Corpo de Cristo à comunidade como um todo.

Outro ponto fundamental é que o evangelho foi enviado a uma Igreja multiétnica e multicultural. O poder sobrenatural de Deus nos torna testemunhas eficientes dele para os povos do mundo. O Senhor recebe glória quando pessoas que se vestem, comem e vivem de maneira diferente se reúnem em torno da mesa para fazer uma refeição com um único coração. Depois de terem um encontro com Deus, pessoas que normalmente não ficariam juntas numa mesma sala saúdam-se umas às outras com um beijo santo e chamam-se de irmãs e irmãos.

NA PRÁTICA

1 O que dizem os líderes transformacionais sobre sermos um povo missionário? (p. 64)

   a) Um impulso genuinamente missionário é uma atração, em vez de envio.

   b) É o impulso interno baseado na missão de Deus que impele a igreja a alcançar o mundo perdido.

   c) Em essência, isso é claramente um movimento exterior de uma comunidade ou de um indivíduo para outro.

2 Complete as lacunas:

   a) As igrejas transformacionais são caracterizadas por uma mentalidade missionária. Elas conhecem seu _____, a comunidade em que estão inseridas e as _____ das pessoas dessa comunidade. Por essa razão, são capazes de apresentar claramente as afirmações e o poder de Jesus Cristo à comunidade, por meio _____ e _____. (p. 68)

b) A mentalidade missionária exige uma _____ pela obra de Deus porque ela se realiza em meio a pessoas _____. (p. 70)

c) Lembre-se: Deus chama alguém primeiro a um _____ _____ e, depois, a uma _____. Não podemos _____ essa ordem! (p. 73)

d) As igrejas transformacionais demonstram paixão por mudar o _____. Algo excepcional em relação a essas congregações é que elas estão ativamente envolvidas não só com _____ e _____, mas com a ida a lugares específicos para vivenciar sua paixão pelas _____, o que revela o interesse pela _____, e não apenas pela _____. (p. 76)

3 Paulo era um homem com mentalidade missionária, enviado por um Deus missionário. Três fatores importantes determinavam os lugares aonde Paulo ia e ministrava. Quais são eles? (p. 69-70)

a) O tempo, a atividade de Deus e o comissionamento de Deus

b) A força de vontade própria, o mandamento do "ide" e a meta da igreja da época

c) A visão, a atividade de Deus e o mandamento do "ide"

4 Explique resumidamente e no contexto das igrejas transformacionais cada um dos fatores determinantes para o sucesso da missão a partir do ministério de Paulo.

_____

_____

_____

_____

_____

_____

_____

_____

_____

5 O conceito de um Deus com o mundo inteiro em seu coração vem desde antes da criação do Universo. O evangelho foi enviado a uma igreja multiétnica e multicultural. A partir dessas afirmações, discuta em grupo como a sua comunidade abraça o diferente.

_____

_____

_____

_____

_____

6 Discuta em grupos a seguinte afirmação: "Deus recebe menos glória quando todo cristão fala, pensa, se veste, come e vive da mesma maneira. Isso se parece mais com uma seita disfuncional do que com um movimento real que promove a glória de Deus. O Senhor recebe glória quando pessoas que se vestem, comem e vivem de maneira diferente se reúnem em torno da mesa para fazer uma refeição com um único coração. Depois de terem um encontro com Deus, pessoas que normalmente não ficariam juntas numa mesma sala saúdam-se umas às outras com um beijo santo e chamam-se de irmãs e irmãos." (p. 79)

7 As igrejas transformacionais via de regra abraçam o trabalho missional sem perder a missão em sua perspectiva global e ampla. Isso ocorre por quatro motivos. Discuta em grupo cada um deles:

a) Reconhecem que se trata da missão de Deus e são apaixonadas por ela.

b) Entendem o chamado de Deus para servir ao pobre e ao ferido e não têm medo de um envolvimento forte com a justiça social.

c) Compartilham a profunda preocupação com a missão de Deus às nações.

d) São sérias quanto a se unir a Deus em sua missão e a obedecer aos seus mandamentos.

8 Qual é o principal problema da replicação de modelos ministeriais? (p. 73)

_____

_____

_____

_____

_____

9 Algumas igrejas locais se destacaram em nossa pesquisa por apresentar o que consideramos ser as melhores práticas para o ministério das igrejas contextuais no Brasil. Veja os dois exemplos a seguir e discuta sobre a viabilidade de ações relacionadas ou similares em suas próprias comunidades.

a) Igreja Batista Central em Fortaleza (CE): há regionalização dos ritmos no momento do louvor. Assim, ritmos tipicamente brasileiros como forró e samba aparecem no contexto da adoração trazendo a brasilidade e a identificação imediata das pessoas com a música na igreja.

b) Igreja Luterana da Renovação em Cordeirópolis (SP): o pastor marcou uma audiência com o prefeito para perguntar como a igreja poderia ser útil à cidade.

4

Liderança vibrante

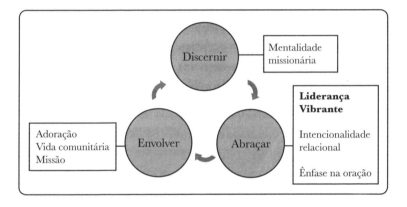

Os pastores das igrejas transformacionais desejam contribuir para a formação de outros líderes, mas entendem que a capacitação e o treinamento devem ser consequência de uma vocação confirmada pela igreja. Em outras palavras, uma das marcas de líderes vibrantes é que eles estão preocupados em desenvolver outros líderes com base no chamado das pessoas e dos seus dons ministeriais, e não apenas para ocupar espaços vazios. Aprendem com Jesus que liderar é *influenciar* e *conduzir* e sabem que há uma enorme diferença entre aqueles que possuem somente um título e aqueles que realmente lideram.

Os líderes transformacionais permitem que Deus molde suas igrejas. Assim como Cristo é formado nos indivíduos, o mesmo Cristo é formado em uma igreja. A igreja transformacional é Jesus sendo apresentado à comunidade. As igrejas transformacionais são obstinadas quanto à visão e se concentram em pessoas; seus líderes estão concentrados na missão de Deus para sua igreja. A liderança deles é multiplicada por um tipo diferente de pauta, baseada na crença central de que Deus nos enviou em missão.

Quando a igreja assume o papel de um missionário, uma mudança radical na visão da liderança deve acontecer. O velho modelo servia para concentrar poder e controlar as pessoas; já os líderes transformacionais buscam compartilhar poder e multiplicar. Eles pensam em termos de movimentos que Deus opera. Paulo ensina que o papel da liderança não é fazer a obra do ministério, o que normalmente muitos esperam dos pastores, mas preparar o povo de Deus para que todos façam a obra do ministério, com base na vocação do Senhor, no sacerdócio universal de cada cristão e na singularidade dos seus dons e talentos (Ef 4.11-13).

O líder transformacional pensa em equipe. Ele entende que todo mundo tem um propósito e não há nenhum propósito individual que seja mais importante do que o da equipe. As igrejas transformacionais encontraram uma maneira de "vencer" ao engajar todo cristão na obra que Deus lhe atribuiu. O líder transformacional tem, portanto, a responsabilidade divinamente atribuída de criar, na igreja, uma cultura que seja missional e transformacional. O "eu" na liderança se torna o "nós" do Corpo de Cristo. Tais movimentos impulsionam o povo de Deus para fora, cientes de que o reino de Deus em expansão ajudará os cristãos a se parecerem mais com Jesus. A igreja exibirá mais qualidades do Corpo de Cristo e sua comunidade será impactada pelo reino. A igreja à mostra tem a ver com pessoas por meio das quais Deus recebe glória.

Paulo vivenciou a liderança transformacional. Alcançado pela graça que lhe deu o privilégio de falar aos gentios sobre Cristo, ele foi um organizador que serviu de modelo de humildade pessoal e de vontade inabalável. Mais uma vez, vemos a liderança vibrante como algo inerentemente missional e intencional. Desse modo, um líder transformacional tem uma resolução baseada em um encontro real e constante com Deus, e não um desejo de ser "usado" ou conhecido.

NA PRÁTICA

1 O que os pastores das igrejas transformacionais entendem sobre a formação de outros líderes? (p. 64)

a) Treinamento é o requisito básico.

b) Devem ocupar os espaços vazios.

c) Capacitação e treinamento devem ser consequência de uma vocação confirmada pela igreja.

d) Líderes transformacionais têm de ser prioritariamente carismáticos e inspiradores.

2 O que deve acontecer na visão da liderança quando a igreja assume o papel missionário? (p. 89)

_____

_____

3 Complete as lacunas:

a) A Reforma Protestante mudou a paisagem _____,
_____ e _____ do mundo e estabeleceu
as bases para muitos avanços, não só na compreensão
e na praxe da fé cristã, mas também no que se refere à
redefinição da mentalidade do homem _____
moderno. (p. 89- 90)

b) Para o Senhor, não há trabalho _____ nem
trabalho _____. Há simplesmente o trabalho
que glorifica o seu nome e o que não glorifica. (p. 93)

c) Os líderes transformacionais sabem que _____
pessoa pode ser usada para cumprir a _____
de Deus. Liderar é ajudar os outros a pôr em prática
seus _____, e não apenas uma _____
para exercer os próprios dons. (p. 95)

d) A _____ , a _____ denominacional
e o _____ obstruem ainda mais a visão do
reino. O verdadeiro significado da _____
(povo de Deus) encontra seu lugar no _____,
que é muito maior, não importa o prédio ou a época.
(p. 102)

4 Entre as mudanças necessárias na visão da liderança para
se tornar uma igreja transformacional, a terceira fala sobre
o empoderamento das pessoas (p. 96). Releia este item e
discuta, em grupo, a partir dos tópicos abaixo:

a) Ter uma hierarquia engessada é positivo para a igreja?

b) Explique, com base nas passagens bíblicas indicadas
no texto, o sacerdócio cristão e como ele esbarra na

questão da distância de poder entre os membros de uma comunidade saudável.

c) Como buscar um estilo de liderança mais bíblico e menos influenciado culturalmente? E o que isso quer dizer no contexto da cultura brasileira?

5 Quais são as quatro mudanças de mentalidade necessárias para que o líder abrace o modo transformacional de liderar? Assinale a alternativa correta.

a) De muitos líderes para um; de "nós" para "eu"; do empoderamento das pessoas para o poder pessoal; do reino de Deus para a igreja local.

b) De um líder para muitos; do "eu" para "nós"; do poder pessoal para o empoderamento das pessoas; da igreja local para o reino de Deus.

6 O maior exemplo de líder transformacional foi Jesus Cristo. Uma de suas características era acreditar em pessoas. Discuta, em grupo: minha comunidade acredita e investe em pessoas? Podemos melhorar o cenário atual?

7 Quais são as dez características de Jesus Cristo como líder transformacional? (p. 105-108)

_____

_____

_____

_____

_____

_____

_____

_____

_____

_____

_____

8 De acordo com as características de Jesus, como deve ser a relação dos líderes transformacionais com o tempo? (p. 106)

_____

_____

_____

_____

_____

_____

_____

_____

_____

_____

9 A partir das características de Jesus como líder transformacional, responda:

a) Qual tem sido a relação da minha comunidade e seus líderes com as pessoas perdidas? Estamos sendo acolhedores como ordena o evangelho de Cristo? Entendemos de todo o nosso coração que o mais belo aspecto de nossas igrejas é ver as pessoas desfrutando de um relacionamento transformador com Cristo?

b) Acreditamos no poder da oração e sabemos que não temos capacidade de transformar nada sem o poder de Deus? Como está a vida de oração de nossa comunidade?

c) Se, como Jesus, fomos enviados para servir o ferido e o perdido, temos cumprido nosso propósito? Sentimos, efetivamente, a dor do nosso irmão como Cristo sentiu?

d) Como nossa comunidade lida com o que é diferente? Saberíamos amar pessoas de culturas muito diferentes da nossa sem julgamento ou preconceito? Cite um exemplo prático.

e) Amamos nossa comunidade e estamos dispostos a dedicar a vida para cuidar dela?

Intencionalidade relacional

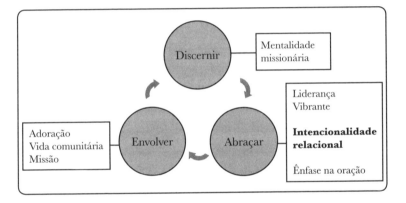

A intencionalidade relacional traz em si a ideia de algo que é, ao mesmo tempo, *relacional* e *intencional*. Isso significa que as igrejas transformacionais investem em relacionamentos e fazem isso de maneira planejada.

As igrejas que buscam ajudar as pessoas a se parecerem com Jesus, que auxiliam as congregações a agir como parte do Corpo de Cristo e que fazem por onde as comunidades espelharem o reino de Deus realizam tudo isso de propósito, isto é, de forma intencional. Elas tomam a iniciativa. Por isso as igrejas transformacionais são consideradas intencionais.

Nas igrejas transformacionais, os programas oferecidos não são o objetivo, mas sim parte intencional de um quadro maior de missão e mudança de vida. As pessoas não são projetos ou peças para ajudar os pastores a fazer a igreja crescer, elas são intencionalmente amadas e valorizadas como pessoas em uma jornada com Jesus.

No que se refere ao aspecto relacional das igrejas transformacionais, nota-se que os relacionamentos nessas comunidades não surgem em decorrência de nenhum sistema ou como resultado de um programa. Nessas congregações, uma abordagem relacional para alcançar e desenvolver pessoas permeia todos os ministérios e práticas, pois os relacionamentos são a substância da cultura da igreja.

Em ambientes de intencionalidade relacional nasce a família de Deus, meio de esperança e cura. A igreja local deve fornecer amor incondicional e ambientes de nutrição que as pessoas nunca experimentaram. Nessa tarefa de fazer discípulos, há a exigência de que as pessoas se importem umas com as outras e, enquanto o fazem, as igrejas transformacionais têm descoberto que as pessoas perdidas têm fome de relacionamentos mais profundos. Quando tais pessoas testemunham relacionamentos profundos na igreja local, abre-se um caminho mais claro para o entendimento do evangelho.

Jesus tratou os relacionamentos com ternura e afeição profundas. Ele lidou honestamente com os discípulos, a quem amou profundamente, desenvolvendo proximidade e intimidade, ao mesmo tempo que aplicava repreensão e correção. As Escrituras descrevem a visão que Jesus tinha da igreja como algo assemelhado à família.

É por tratar de intencionalidade relacional que as igrejas transformacionais também estimulam relacionamentos individuais. As palavras de Jesus para cada indivíduo não foram as mesmas, pois cada pessoa estava em um ponto específico da jornada espiritual e enfrentava circunstâncias distintas. Aqui, vale destacar que tais comunidades tomaram a decisão de receber indivíduos difíceis que aparecem em suas reuniões e desejam tomar parte em sua vida. Elas também descobriram que dar boas-vindas ao ferido é uma bênção, e não uma maldição. Por isso, tomaram a decisão de cuidar deles, motivadas pelo desejo de que se tornem filhos e filhas de Deus.

NA PRÁTICA

1 Qual afirmação abaixo se refere ao aspecto *intencional* e qual ao *relacional*?

a) É mais voltado às realizações, aos programas e aos processos do que aos indivíduos.

b) É mais cordial e cativante. É mais voltado aos indivíduos do que às realizações.

2 Discuta em grupo a afirmação: "Do mesmo modo que o casamento não é a junção de duas meias pessoas, mas a junção de duas pessoas inteiras, o casamento entre o relacional e o intencional produzirá pessoas transformadas que encherão as igrejas transformacionais". (p. 116)

3 Complete as lacunas:

a) As igrejas transformacionais sentem-se confortáveis por viver em ——————. Seus membros abrem bastante espaço para que recém-chegados experimentem os _____ e as _____ de ser família. (p. 118)

b) Relacionamentos _____ preenchem os _____ pelos quais normalmente vemos as pessoas caírem em _____ nas igrejas locais. (p. 121)

c) A _____ conduzida pelo Espírito Santo produziu relacionamentos mais _____ e discípulos _____. (p. 123)

d) Jesus treinou líderes _____, _____ e _____ com eles, e não em frente a um quadro negro dando aula — embora o púlpito e a sala de aula tenham o seu digno e importante lugar no ensino da verdade bíblica. (p. 127)

4 Qual é o sistema escolhido por Deus para a entrega do evangelho? (p. 127)

a) A Bíblia e os discípulos

b) Relacionamentos com pessoas alcançadas pela graça

c) Visões e revelações dos profetas

5 Discuta em grupo os desafios de se cultivar a intencionalidade relacional na sua igreja conforme os tópicos abaixo:

a) Cultura local

b) Pessoas reservadas

c) Cotidiano das pessoas que frequentam a congregação

6 Assinale a alternativa que responde a pergunta: como são os ambientes de intencionalidade relacional e quais princípios são transferíveis independentemente de fatores como tamanho, localização e denominação?

a) Produzem família; estimulam relacionamentos individuais; fornecem espaço para pessoas difíceis; dispõem de sistemas e processos.

b) Produzem igreja; estimulam relacionamentos segmentados; preferem pessoas corretas; dispõem de sistemas e processos.

c) Produzem comunidades cristãs numerosa; estimulam relacionamentos coletivos; fornecem espaço para pessoas difíceis; dispõem de sistema e processo.

7 Apesar de sistemas e processos serem importantes na aplicação da intencionalidade relacional, algumas igrejas abusam de programas. Como as igrejas transformacionais fazem para evitar isso? E por que isso pode ser tão nocivo?

_____

_____

_____

_____

8 Na sua opinião, o coletivismo da cultura brasileira é um facilitador de relacionamentos? Relate ao grupo experiências em sua congregação.

_____

_____

_____

_____

_____

6

Ênfase na oração

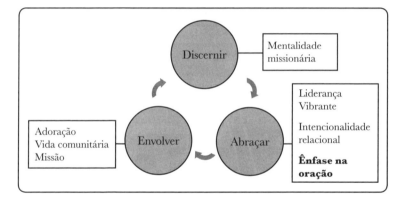

A ênfase na oração é evidente nas igrejas transformacionais, que demonstram depender humildemente de Deus para ter vitalidade. Nelas, a oração não é um programa; tampouco é praticada apenas em uma reunião semanal específica. Essa prática está por trás de tudo o que a igreja transformacional faz. É ela que sustenta a adoração e dá combustível ao envolvimento missional, além de estar sempre presente na comunhão, isto é, nos relacionamentos entre os membros.

A intenção de Deus é que os cristãos — tanto individual quanto coletivamente — permaneçam em comunicação estreita com ele. Essa é a razão pela qual o Senhor nos deu a oração. Definiríamos a oração simplesmente como uma resposta volitiva de uma pessoa para ouvir e falar com o Todo-poderoso sobre sua obra e seu caráter. Para que se possa ver a transformação ocorrer em uma pessoa, uma igreja ou uma comunidade, Deus deve estar envolvido. Ele precisa ser reconhecido como alguém que faz parte da história. A oração é nosso elo para receber compreensão do Senhor sobre sua Palavra e seguir adiante em obediência à sua missão.

A atividade de oração é central no culto de adoração de uma igreja transformacional. Nesses lugares, os membros sabem que a oração é uma prática regular, e não uma interrupção da norma. Por meio da oração, eles creem que Deus transformará vidas.

Se a visão que você tem para as pessoas é de transformação pessoal, isso será visto na prática da oração. Estratégias, excelência, métodos ou até mesmo compromisso não podem substituir a dependência humilde de Deus. Se a nossa motivação for crescimento numérico, então não há uma razão verdadeira para orar.

O crescimento da organização em nome de Deus não salvará um casamento. Crescimento organizacional não libertará pessoas de hábitos capazes de destruir a vida, pois a transformação é obra de Deus. Não podemos confiar em nós mesmos e ver transformação. É impossível para os seres humanos gerar mudança de vida nos outros.

Ao abraçarmos a vida com Jesus, abraçamos junto as suas prioridades. Ao abraçarmos suas prioridades, elas se tornarão nossas práticas. Jesus demonstrou sua paixão pelas prioridades corretas em sua assembleia local. Uma delas é o uso correto da casa de Deus. Quando cristãos se reúnem, eles devem orar.

Seja qual for o modelo ou a idade da igreja, a oração é um item inegociável. Os convites e as oportunidades para orar devem acontecer tanto em grupos menores como na grande assembleia. Nada é mais importante do que o povo de Deus orar. As igrejas transformacionais veem a oração como uma parte indispensável para a mudança da comunidade.

A segunda prioridade é a acessibilidade de todas as pessoas a um relacionamento com Deus, por meio da oração. Quem ora entra na presença de Deus, não importa qual seja a língua, a tribo ou a nação: todos são especiais para o Senhor. E ele deseja ter conversas relacionais com todos. Nas igrejas transformacionais, a oração é ensinada como uma maneira pela qual o indivíduo se conecta ao único e verdadeiro Deus. Ela é prioritária porque conectar-se ao Senhor é mais importante do que conectar-se a programas.

NA PRÁTICA

1 Por que a oração é tão importante nas igrejas transformacionais, tanto coletiva quanto individualmente? (p. 140)

_____

_____

_____

_____

_____

2 As igrejas transformacionais estão intensamente preocupadas em testemunhar mudança de vida. Como elas buscam essa transformação? (p. 134)

_____

_____

_____

_____

3 Relacione as afirmações abaixo às prioridades de Cristo no que diz respeito à oração, a partir de sua resposta no exercício anterior.

a) A oração dá a todas as pessoas acesso a Deus.

b) As igrejas transformacionais veem a oração como uma parte muito importante na mudança da comunidade.

c) O desejo divino, de antes da fundação do mundo que ele "tanto amou", era que todos os povos o conhecessem e o experimentassem.

d) Buscar a face de Deus e orar são passos significativos para que ocorra a transformação em sua cidade.

4 Um dos exemplos dados no capítulo sobre a importância da oração na restauração do povo de Deus e dos lugares sagrados nos tempos bíblicos foi o de Salomão, que orou longamente na dedicação do templo recém-concluído de Jerusalém. Você consegue lembrar de outras passagens da Bíblia que deixem claro a relevância inquestionável da oração em contextos comunitário e individual? Especifique abaixo.

_____

_____

_____

_____

5 Complete as lacunas:

a) Jesus quer entrar na vida das pessoas por meio da
_____. Gente que ora desfruta de um nível mais
_____ de _____ com Deus na tarefa
de mudar o _____, pois reserva tempo para seguir a _____ dele. (p. 140)

b) O primeiro chamado dos líderes dessas congregações
é viver como _____. O segundo é equipar
os _____ por intermédio da atitude de ser um
_____, de acordo com _____
e isso inclui a oração. (p. 141)

c) Nas igrejas transformacionais, a oração é _____
e _____ a ponto de gerar um movimento alinhado à
vontade de Deus. Assim que as pessoas começaram a experimentar o _____ e a _____
por meio da oração, mais gente começou a entender a
_____. (p. 144)

d) É digno de nota que eles se _____ para orar sem
que haja um pedido formal dos _____,
dos _____ ou da diretoria, mas simplesmente porque faz parte da sequência _____ das
coisas na igreja deles. (p. 134)

6 Relacione as afirmações abaixo aos princípios transformacionais de oração:

a) Igrejas que oram experimentam avanços.

b) Igrejas que oram têm líderes que oram.

c) Igrejas que oram experimentam respostas à oração.

d) Igrejas transformacionais vão além de programas de
oração e desenvolvem uma vida de oração.

( ) O princípio de servir de modelo é um tema recorrente nas igrejas transformacionais.

( ) Aqui não estamos desvalorizando o desenvolvimento de instrumentos de incentivo à oração, mas o que ficou claro na pesquisa foi que as igrejas transformacionais valorizam o desenvolvimento de uma vida de oração que permeia as suas ações cotidianas.

( ) Para que sua igreja se torne transformacional, ela deve acreditar que Deus responde às orações de seu povo, segundo a própria vontade divina.

( ) Igrejas que experimentam qualquer tipo de avanço ou mudança enfatizavam a oração em sua história.

7 Discuta em grupo a afirmação: "Igrejas cujo ambientes motivam as pessoas a orar jamais poderiam fazer isso por meio de manipulação ou da criação de falsas expectativas. Em nossos dias, há muitos métodos ou atividades aos quais recorrer, além da oração, para tentar obter resultados. Porém, precisamos de vozes proféticas que abracem a necessidade de chamar a igreja à oração. Nossa única esperança é a intervenção divina, e não a nossa mais recente ferramenta de revitalização ou estratégia de plantação de igrejas. Onde as pessoas oram, Deus opera. Onde Deus opera, a transformação acontece." (p. 144)

8 Sobre oração e serviço, assinale a alternativa correta:

a) O serviço é o principal e deve ser feito mesmo em contexto de pouca oração.

b) A oração é o principal e deve ser priorizada mesmo em contexto em que não haja serviço.

c) Serviço e oração devem andar juntos, pois somente o mover de Deus produz resultados eficazes.

9 Reflita e responda:

a) Como está a vida de oração em minha comunidade? O que pode melhorar?

_____

_____

_____

_____

_____

b) Em minha comunidade, acreditamos piamente que só o Senhor é capaz de transformar pessoas ou nos fiamos em nossas programações, campanhas, programas de passos? O que pode melhorar?

_____

_____

_____

_____

_____

7

Adoração: um ato de amor e devoção a Jesus

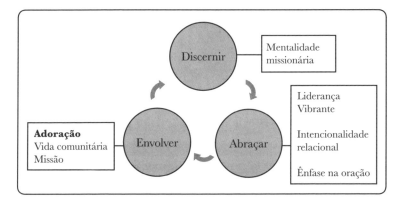

A adoração talvez seja a ação mais importante da experiência humana, e as igrejas transformacionais envolvem-se com Jesus ativamente por meio dela. Deus criou o coração humano com a necessidade de encontrar algo pelo que ter a maior estima. A intenção do Senhor desde o início era assumir essa posição em nossa vida.

As igrejas transformacionais colocam a adoração no ponto central de seus esforços. A motivação de ver pessoas de todas as nações se tornarem discípulas de Cristo se baseia em seu desejo de ver Deus receber a honra que merece. Tais comunidades têm um amor tão grande por Deus que sabem que a adoração é uma maneira de viver, e não um tipo de programação da igreja.

A adoração em uma igreja transformacional se concentra em mais do que uma presença mística de Deus. Em razão de uma ênfase intencional na apresentação das verdades de Cristo e de sua Palavra, uma igreja transformacional espera que a presença de Deus seja real e transformadora em suas experiências de adoração. Cientes disso, elas desejam que as pessoas venham a mudar por causa do dom da misericórdia de Deus, e insistem para que isso aconteça.

Nesse contexto, apesar das críticas constantes, a reunião coletiva de adoração é importante. Primeiro, porque, quando os cristãos se reúnem para adorá-lo, Deus é glorificado. Segundo, porque a adoração atrai a atenção para aquele a quem adoramos. Terceiro, porque nossa adoração fornece uma defesa da fé que não é feita por homens, mas é de autoria divina e, portanto, é sobrenatural.

As igrejas transformacionais no Brasil têm um senso de expectativa sobre os seus cultos de adoração, e enfatizam a adoração ao Deus trino. Com muita emoção e reverência, os pastores de tais igrejas planejam os cultos e esperam que haja frutos para a glória de Deus.

Desse modo, a adoração deve começar com o objetivo de apresentar claramente a verdade de Jesus. Quando a mensagem de Cristo é comunicada, então os membros da igreja podem admoestar uns aos outros a viver de maneira digna do evangelho. Ao adorar em verdade e em graça uns para com os outros, vemos verdadeiras expressões de louvor de todos os tipos, incluindo o que já cantamos em nossas tradições, assim como as novas expressões de adoração e expressões espontâneas conduzidas pelo Espírito Santo. Reduzir a adoração ao foco em um estilo faz com que Deus deixe de ser a razão para que aquela reunião aconteça.

As igrejas transformacionais encontram uma maneira de as pessoas evitarem os debates sobre lugar, estilo e método. Elas se concentram na participação máxima na adoração que, como Jesus ensinou, deve acontecer nos níveis do espírito e da verdade.

Quando a vida das pessoas é transformada pela presença e pelo poder de Deus, a adoração é genuína. Talvez sua igreja ainda venha a experimentar conflito em relação à música ou aos estilos de adoração. Prepare-se abraçando os valores da adoração bíblica. Ensine esses valores para que, quando as decisões estilísticas ou metodológicas forem necessárias, a decisão seja tomada com base nos valores bíblicos, e não nas preferências da maioria. E, o principal, as igrejas transformacionais se envolvem com Jesus Cristo na adoração. Elas também envolvem as comunidades nas quais vivem de maneira relevante.

NA PRÁTICA

1 O que há de diferente nas igrejas transformacionais no que diz respeito aos cultos de adoração? (p. 148)

_____

_____

_____

_____

_____

_____

_____

_____

_____

_____

2 Discuta em grupo sobre a importância da reunião coletiva a partir dos pontos destacados neste capítulo e faça a autorreflexão sobre a maneira como a adoração tem sido conduzida em sua comunidade. (p. 151)

_____

_____

_____

_____

_____

_____

_____

_____

3 Complete as lacunas:

a) A adoração no _____ é planejada ali para levar as pessoas à _____ de _____, a fim de experimentarem o _____ dele e serem _____ por sua _____. (p. 153)

b) A _____ transformará o _____. _____ transformarão o _____. (p. 154)

c) A adoração é o ato _____ de nosso _____ e discurso _____ sobre a obra de Deus. A adoração não é a _____, mas a inclui, pois o estilo não _____ e mensagem de _____. (p. 155)

d) Use a _____ e entenda a linguagem do coração de sua _____. As escolhas _____ devem ser apropriadas ao contexto. (p. 160).

4 O estilo das músicas e a metodologia do louvor nas igrejas sempre é tema de discussão. Nesse contexto, a palavra "reverência" é recorrente. Este capítulo traz duas passagens bíblicas nas quais se fala sobre reverência a partir de duas perspectivas: quando Davi dança na presença do Senhor, numa reverência alegre; e quando João cai aos pés do Senhor, como morto, numa reverência rendida e silenciosa. Analise-as com cuidado e cite outros exemplos da Bíblia que abordem o tema sob outra perspectiva. (p. 158)

_____

_____

_____

_____

_____

5 Sobre a adoração agradável a Deus:

a) Ela deve ocorrer exclusivamente nos cultos e por meio de hinos.

b) Ela deve ser exclusivamente individual.

c) Ela deve ser em espírito e em verdade.

d) Ela deve ser feita com músicas atuais e *performances* interessantes.

6 Sobre a adoração coletiva e sua prioridade central:
   a) Ela deve agradar a todo mundo.
   b) Ela deve unificar o Corpo de Cristo.
   c) Ela deve trazer o estilo musical mais votado.
   d) Ela deve ser mesclada.

7 Concentrar-se no propósito da adoração exige a implantação de certos princípios na igreja. De acordo com o capítulo, quais são eles?

_____

_____

_____

_____

_____

_____

_____

_____

8 Não há soluções definitivas para as discussões a respeito da adoração nas igrejas. Contudo, um processo saudável de discernimento da vontade de Deus para sua igreja poderá ser transformacional. Escreva palavras-chave, a partir do passo a passo sugerido neste capítulo, de modo que você se lembre do que deve ser feito.
   a) Pergunte ao Senhor
   b) Envolva as pessoas
   c) Estude as escrituras
   d) Morra para o eu

e) Analise a comunidade

f) Faça novas perguntas

g) Concentre-se na revelação

h) Planeje novas maneiras de avaliar

9 Durante a pesquisa foi observado que a expressividade emocional do povo brasileiro é um elemento marcante da cultura do país. Na sua opinião, como esse traço pode se refletir no culto cristão? Como esse traço implica no culto de sua comunidade?

_____

_____

_____

_____

_____

_____

10 Complete o trecho a seguir com uma das opções abaixo: "Vemos alguns benefícios no movimento das igrejas nos lares, particularmente quando o propósito é criar zonas missionais seguras para os que não são alcançados, os que deixaram a igreja e os que nunca foram à igreja possam encontrar e seguir a Deus. Apoiamos grande parte do movimento. Mas alguns dos temores e das críticas às igrejas que apresentam uma abordagem semanal estruturada são infundados. Tanto as multidões quanto o núcleo (estruturas de pequenos grupos) são necessários. Afinal de contas, a igreja nasceu na reunião de uma grande multidão, quando três mil foram salvos. A primeira estratégia de Deus para a plantação de igrejas"... (p. 150)

a) Foi ir da multidão para o núcleo (a adoração no templo e as reuniões nos lares realizadas pelos cristãos da Igreja primitiva resultaram em transformação de vida porque elas compartilhavam os componentes essenciais da adoração: a revelação de Jesus, o poder do Espírito Santo e a resposta da Noiva de Cristo em rendição e adoração).

b) Foi ir do núcleo para a multidão (a adoração no templo e as reuniões nos lares realizadas pelos cristãos da Igreja primitiva resultaram em transformação de vida porque elas compartilhavam os componentes essenciais da adoração: a revelação de Jesus, o poder do Espírito Santo e a resposta da Noiva de Cristo em rendição e adoração).

8

Vida comunitária: a conexão de pessoas com pessoas

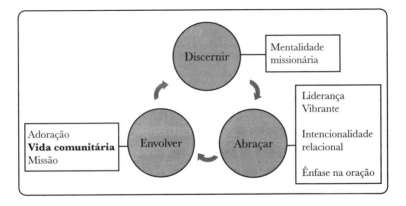

Atos 2 apresenta um retrato notável de uma igreja relacional robusta. Aquela igreja do primeiro século tinha um desafio: como conectar esses tantos novos convertidos uns com os outros por meio de relacionamentos significativos? Hoje, enfrentamos uma questão semelhante: como podemos "assimilar" os novos cristãos na igreja? A congregação deve ter um processo (orgânico e/ou sistematizado) por meio do qual as pessoas se conectem umas às outras e cresçam em Cristo. A igreja de hoje precisa experimentar o que ousamos chamar de "regressão metodológica" em direção à igreja de Atos 2.

Aquele grupo de cristãos era verdadeiramente orgânico. Não havia seminários, instrutores ou consultores, mas parecia haver um abraçar intencional da vida depois da conversão, tanto nas grandes reuniões quanto nos pequenos grupos. Eles viviam uma comunhão vibrante. Pelo fato de a vida ser um acontecimento diário, a igreja também deveria ser.

Viver em comunhão uns com os outros nos leva para longe de uma mentalidade de fortaleza isolada, a qual cria uma subcultura cristã. Em vez disso, estruturas que facilitem a comunhão criam uma "zona de segurança", onde os descrentes se sentem confortáveis para fazer perguntas difíceis e os crentes se sentem à vontade para encontrar o encorajamento de que precisam para crescer na fé.

A criação de um ambiente de comunhão e os estudos bíblicos em pequenos grupos são fundamentais para a criação de uma igreja transformacional. E, nesse contexto, três ideias os apoiam.

Primeiro, um grupo menor de pessoas fornece uma oportunidade maior de descoberta pessoal. Ali, o diálogo substitui o monólogo. Perguntas difíceis sobre Deus, a Bíblia e Jesus são trabalhadas em comunidade. Além disso, o grupo pequeno também fornece uma plataforma para ajudar quem está enfrentando dificuldades. A realidade é que os relacionamentos desses grupos fornecem o ambiente para transformação.

Segundo, comunidades menores são apenas comunidades. As igrejas transformacionais conectam as pessoas umas às outras por meio de relacionamentos, seja no formato que for, tenha a nomenclatura que tiver. Tendo sua vida como pano de fundo para a narrativa de semana a semana, elas aprendem juntas como Deus se conecta a todos os aspectos de seus dias.

Terceiro, os pequenos grupos são a melhor maneira de gerar genuína transformação de vida por meio da igreja local. À medida que pensarmos sobre a definição de uma célula de comunhão, é importante nos lembrarmos de seu objetivo: vidas transformadas.

Os resultados de uma conexão pessoal com um grupo menor de cristãos são impressionantes. Não estamos sugerindo que os pequenos grupos sejam perfeitos, nem fáceis. Aqui está um sórdido segredinho para aqueles que acreditam que os grupos pequenos nos lares são "um estilo de vida que supera os demais": os pequenos grupos podem ser motivo de muita dor de cabeça. Onde quer que aconteçam, há muito trabalho envolvido para que funcionem bem.

Mas a ação da comunidade resulta em vidas transformadas ao produzirem amizades mais profundas, relacionamentos de prestação de contas, ambientes para crescimento espiritual, participação máxima e oportunidades missionais.

NA PRÁTICA

1 Quando usamos termos como "pequenos grupos", "conexões", "grupos de crescimento" ou "células", estamos nos referindo a: (p. 177)

    a) Grupos mais restritos de pessoas que se reúnem para fazer amigos

    b) Grupos mais restritos de pessoas que se reúnem para fazer discípulos

c) Grupos mais restritos de pessoas que se reúnem para preparar membros

2 Analise os quatro mitos sobre comunidades menores e confronte-os com a mentalidade atual de sua comunidade sobre o tema: a configuração atual do seu pequeno grupo é permanente; os locais de reunião dos pequenos grupos estão limitados às dependências da igreja ou aos lares; o líder deve ser um *superstar* altamente treinado; e apenas pastores são qualificados para administrar o cuidado pastoral.

_____

_____

_____

_____

_____

_____

_____

_____

_____

3 Entre os itens de transformação de vidas a partir dos pequenos grupos está a produção de amizades mais profundas. Por que isso é tão importante? (p. 185)

_____

_____

_____

_____

4 Complete as lacunas:

a) Conectar-se a um _____ de amigos significa que deixamos nossa roupa de _____ junto à _____ de _____. (p. 185)

b) As _____ devem ser parte de um _____ de _____ uns aos outros em nosso _____ cristão. (p. 186)

c) Os pequenos grupos _____ exigem mais do que simples _____. Os frequentadores devem assumir a _____ pelo funcionamento de longo prazo do grupo. Quanto mais responsabilidades puderem ser _____, mais _____ se torna o grupo. (p. 187)

d) O _____ de um grupo deve ser a _____ de _____ para Jesus. (p. 188)

5 O texto ressalta quatro obstáculos enfrentados pelas pequenas comunidades transformacionais. Analise se eles estão presentes em sua comunidade e como vencê-los:

a) A transferência de informação é muito mais valorizada do que a transformação de vida.

_____

_____

_____

_____

b) O ensino é mais valorizado que o aprendizado.

_____

_____

_____

_____

c) A segmentação da missão de Deus.

_____

_____

_____

_____

d) A falta de intimidade.

_____

_____

_____

_____

6 Assinale a alternativa correta e justifique sua resposta: o ministério dos pequenos grupos é, por natureza: (p. 191)

a) Orgânico e intencional

b) Mecânico e intencional

c) Segmentado e intencional

_____

_____

_____

_____

7 Assinale a alternativa correta e explique: a âncora de um pequeno grupo transformacional é:

a) A oração

b) A Palavra de Deus

c) O líder

_____

_____

_____

8 Um dos principais propósitos dos pequenos grupos é se reproduzir. No entanto, a multiplicação costuma ser reprimida em muitas igrejas em razão de um sistema de castas no ministério. Como esse sistema é exemplificado no livro? A sua comunidade apresenta tal sistema? Se sim, proponha uma estratégia para resolver o problema. (p. 192)

_____

_____

_____

_____

_____

_____

_____

_____

_____

9 Relacione as afirmações a seguir com os conceitos:

a) Recepção aos estranhos

b) Foco no reino

( ) Se forem deixados soltos os pequenos grupos se tornarão obcecados pela igreja, como resultado de pensar pequeno, algo que limita aquilo que Deus realmente quer.

( ) Um ambiente receptivo vai além de um cumprimento caloroso e de orientações sobre como chegar à mesa de comida.

( ) Conforme vão ficando mais concentrados em si próprios, os grupos deixam pouco espaço relacional para a entrada confortável de outras pessoas.

(   ) Os grupos precisam girar em torno do reino de Deus, algo muito maior do que a igreja ou o *eu*.

(   ) Os grupos pequenos devem estar sempre preocupados com a cadeira vazia.

(   ) Os grupos pequenos devem encontrar seu propósito além do apoio emocional, a fim de serem, de fato, parte significativa do plano de Deus para promover grandes transformações.

10 Assinale a alternativa que completa o texto a seguir e, em seguida, justifique sua resposta: "Surge um princípio claro: o cristianismo bíblico não pode ser vivido apenas por meio da experiência do grupo maior. O monólogo deve dar mais lugar para o diálogo. O estudo da Bíblia tem o poder de iniciar processos de maturidade dentro do grupo, à medida que os participantes têm a oportunidade de ser exortados, fazer questionamentos e compartilhar experiências que confirmam os princípios bíblicos estudados. Toda essa transformação acontece no contexto de um relacionamento com Deus e com os irmãos. Não é à toa que Deus escolheu usar palavras como"... (p. 194)

a) Corpo, casa e família

b) Igreja, comunidade e célula

_____

_____

_____

_____

9

Missão: mostrar Jesus por palavras e ações

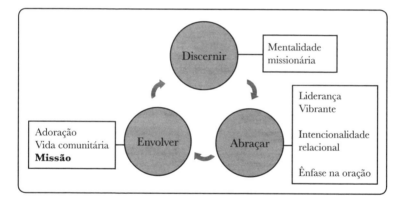

As igrejas transformacionais brasileiras falam sobre Jesus por meio de palavras e ações. Elas encorajam o compartilhar da fé no dia a dia de cada membro e criam espaços seguros para conversas focadas nas boas-novas. Em outras palavras, elas compartilham a visão de que cada membro é um missionário.

No que diz respeito a envolvimento na missão, tais comunidades descobriram uma maneira de fazer com que a convergência de valores e atividades resulte em vidas transformadas. Sem esse elemento-chave, o restante do trabalho não significa muita coisa. A razão para a existência da Igreja é aumentar a fama de Deus por meio da redenção das pessoas.

As igrejas transformacionais envolvem as pessoas em ministério, dentro da igreja, e em missões, fora da igreja. Uma das primeiras lições aprendidas sobre uma igreja com práticas transformacionais é que, para seus membros, o evangelismo é uma parte natural da vida, pelo fato de a evangelização ocupar uma posição central no coração da igreja. A igreja tomou a decisão consciente de relacionar sua existência à missão de Deus de ver pessoas sendo reconciliadas por intermédio de Cristo. Algumas tiveram treinamento em evangelismo e participaram de eventos evangelísticos de massa. Muitas não. Mas todas apresentam paixão evangelística.

O treinamento nas igrejas transformacionais inclui histórias do campo; as pessoas envolvidas na missão de Deus contam suas experiências. O relacionamento com quem já está na jornada há mais tempo é ideal para aqueles que estão aprendendo como envolver outras pessoas na missão de Deus. Acima de tudo, um ambiente de treinamento mantém em andamento a conversa sobre a missão.

Os crentes das igrejas transformacionais também ganham consciência dos recursos que os ajudarão, em tempo real, à medida que se juntarem a Deus em missão. Contar a história do que está acontecendo na comunidade e no mundo cria um ambiente planejado para impedir que as pessoas se sintam sozinhas ao seguir a vontade divina. O treinamento nas igrejas transformacionais enfatiza a necessidade de entrar na missão como uma comunidade de crentes, em vez de como agentes solitários. Por meio do treinamento eficiente, os crentes são levados para fora das instalações da igreja e enviados juntos para o campo missionário da comunidade circundante.

O foco de uma igreja com práticas transformacionais está em levar a missão adiante, e não em mimar e entreter crentes imaturos. Envolver e ganhar o perdido e amadurecer os crentes para que repitam esse processo é a missão predominante nas igrejas transformacionais que encontramos.

Diante disso, surge a questão: como é uma igreja missionária de verdade? Existem alguns passos que nos mostram como se envolver plenamente na missão de Deus. O primeiro é definir o que é sucesso. O segundo é preparar-se para evangelizar. O terceiro é estar pronto para a oposição. O quarto é fornecer liderança pessoal para os crentes. O quinto é mover-se em direção à comunidade.

NA PRÁTICA

1 Sobre o ministério social nas igrejas transformacionais: (p. 199)

  a) Essas igrejas enfatizam o ministério social mesmo que ele não sirva ao propósito do compartilhamento do evangelho.

  b) Essas igrejas enfatizam o ministério social apenas até o ponto em que ele serve ao propósito do compartilhamento do evangelho.

  c) Essas igrejas não enfatizam o ministério social e optam por outros meios de compartilhar o evangelho.

2 Complete as lacunas:

  a) A igreja não pode apenas atuar como _____ _____. Agora, ela tem de ser o missionário capaz de _____ nas suas complexas _____ para construir ——————. Estar —————— na cultura local para mostrar —————— na vida diária é fundamental. (p. 202)

b) Há igrejas demais confiando na orientação de nível ——————. Elas trabalham como se uma explicação —————— do que pode vir a acontecer fosse suficiente para os membros cumprirem a —————— da ——————. O —————— que leva uma congregação às práticas transformacionais faz muito mais que isso, pois se concentra nos assuntos do ——————. (p. 203)

c) O trabalho —————— transformacional fará com que as pessoas abandonem seus ídolos —————— e abracem o ——————. (p. 206)

d) Para que a missão esteja na —————— de suas atividades, é necessário haver —————— e o —————— da —————— para o crescimento ——————. (p. 207)

3 Sobre a liderança pessoal para os crentes, qual é a importância de se ter um exemplo a seguir? (p. 209)

——————————————————————————
——————————————————————————
——————————————————————————
——————————————————————————
——————————————————————————
——————————————————————————
——————————————————————————
——————————————————————————
——————————————————————————

4 Analise as afirmações a seguir, refletindo sobre o atual momento de sua comunidade e propondo ações práticas para promover melhorias:

a) As igrejas transformacionais costumam ter uma boa reputação na cidade.

_____

_____

_____

b) As igrejas transformacionais romperam o sistema de castas clericais e colocaram a missão nas mãos de todos os cristãos.

_____

_____

_____

5 Uma das afirmações recorrentes das igrejas transformacionais que veem a missão como fundamental é: "Nossa igreja desafia os membros a construir relacionamentos íntegros e significativos com pessoas que não são cristãs". Aponte passagens bíblicas que embasem essa afirmação e reflita se a sua comunidade age desta mesma maneira. Se não, o que pode melhorar e como?

_____

_____

_____

_____

_____

_____

_____

6 O fato de o crescimento do evangelho ser vigoroso no Brasil não significa que não haja grandes focos de resistência à mensagem de Cristo. Por que isso ocorre e o que as igrejas transformacionais precisam fazer para serem bem-sucedidas na tarefa que Deus lhes deu? (p. 200)

7 À medida que nossa cultura se torna cada vez menos composta por indivíduos que desejam frequentar uma igreja, somos forçados a mover nossos métodos mais para trás na história, em direção a uma abordagem mais antiga para alcançar as pessoas. Alguns chamam isso de quê? (p. 202)

a) Transição da igreja evangelista do "vá e conte" para uma igreja missionária pós-cristandade do "venha e veja".

b) Transição da igreja evangelista do "venha e veja" para uma igreja missionária pós-cristandade do "vá e conte".

8 Discuta em grupo a afirmação a seguir: "Ao olharmos para Paulo, vemos que a intencionalidade é um elemento-chave para sermos eficientes em nossa missão para Deus. Ser um missionário não é algo que acontece de maneira natural." (p. 202)

_____

_____

_____

9 Relacione as afirmações abaixo com as quatro ações a seguir:

a) Definir o que é sucesso

b) Preparar-se para evangelizar

c) Preparar-se para a oposição

d) Fornecer liderança pessoal para os crentes

( ) É necessário haver liderança e o envolvimento da comunidade para o crescimento individual.

( ) Vidas transformadas são a obsessão de uma igreja transformacional.

( ) O ato de mentoriar serve para cumprir uma parte importante da missão: fazer discípulos.

( ) A preparação realizada pelas igrejas transformacionais é diferente daquilo que você vê acontecer em outras igrejas.

( ) A atividade transformacional pela qual devemos ansiar é fazer o evangelho avançar na vida dos descrentes.

( ) As pessoas em missão precisam de exemplos de piedade para seguir.

( ) A oposição é inevitável para uma igreja ou um cristão que se envolve plenamente na missão de Deus.

( ) A preparação realizada pelas igrejas transformacionais é diferente daquilo que você vê acontecer em outras igrejas.

( ) A oposição não é meramente intelectual ou filosófica; é espiritual em sua origem.

10 As igrejas transformacionais estão procurando intencionalmente maneiras de se envolver com a comunidade como um todo. Sua comunidade faz isso? Quais medidas podem ser tomadas para gerar maior envolvimento com as pessoas ao redor? Proponha soluções a partir dos passos sugeridos de como se envolver plenamente na missão de Deus.

_____

_____

_____

_____

_____

_____

_____

_____

_____

_____

Sobre os autores

Ed Stetzer é pastor na The Moody Church e ocupa a Cadeira de Distinção Billy Graham para Igreja, Missão e Evangelismo no Wheaton College (EUA). Também serve como diretor executivo do Centro Billy Graham para Evangelismo, na mesma instituição. Foi diretor executivo da LifeWay Research. Concluiu dois mestrados (Liberty University e Southern Baptist Theological Seminary) e dois doutorados (Beeson Divinity School e Southern Baptist Theological Seminary), além de ter escrito diversos livros nas áreas de missiologia, cultura, plantação e revitalização de igrejas. É também editor colaborador da revista *Christianity Today*. Casado com Donna Stetzer, tem três filhas: Kristen, Jaclyn e Kaitlyn. (www.edstetzer.com.br)

Sérgio Queiroz é engenheiro civil e bacharel em Direito pela Universidade Federal da Paraíba (UFPB), além de bacharel em Teologia pela Faculdade Teológica Sul Americana. Concluiu o mestrado em Teologia pelo Instituto Bíblico Betel Brasileiro e também o mestrado em Filosofia pela UFPB. É doutor em Ministério na área de Liderança e Gestão Ministerial pela Trinity Evangelical Divinity School (EUA). É Procurador da Fazenda Nacional, pastor titular da Primeira Igreja Batista do Bessamar, em João Pessoa (PB), presidente da Fundação Cidade Viva e diretor-geral da Faculdade Internacional Cidade Viva. Casado com Samara Queiroz, tem três filhos: Sérgio Augusto, Esther e Débora. (www.sergioqueiroz.com.br)

Compartilhe suas impressões de leitura escrevendo para:
opiniao-do-leitor@mundocristao.com.br
Acesse nosso *site*: www.mundocristao.com.br

Equipe MC:	Maurício Zágari (editor)
	Heda Lopes
	Natália Custódio
Diagramação:	Luciana Di Iorio
Gráfica:	Bartira Gráfica
Fonte:	Adobe Garamond Pro
Papel:	Offset 75 g/m2 (miolo)
	Cartão 250 g/m2 (capa)